Pourquoi me réveiller?

¿Por qué me despiertas

cuando mi corazón me dice

que duerma

porque contigo es que yo sueño?

¿Por qué me despiertas?

cuando esta aria

me llena y dice como un sol:

"es tu amor el que me consuela".

Por una razón me despiertas

y por otra me conllevas,

pero ambas se mezclan

y dicen: "tu amor por otro es mi condena".

Por una razón me despiertas,

porque tú me amas

pero tus promesas

es lo que me duelen más.

Adiós mi ser amado,

adiós mi corazón

y en este poema

te digo ¡Adiós mi amor!

Casta Diva.

¡La mejor aria

para la mejor voz!

¿Quien mejor que ella

para esta enorme canción?

Era indiscutible,

una voz sensible

pero llena de potencia

y realmente sublime.

Para un personaje de poder

una dama que lo quiere hacer

y ella se apoderó

con profundo placer.

Representaba poder,

caracter y hacer

en su bella voz

que me gusta mucho conocer.

le decían La Divina,

era muy querida

incluso por sus críticos mas duros,

hasta en sus últimos días.

A mes amis!

¡Dificultad!

¡Locura!

¡Es lo que hallo

en esta aria, de una!

¡No quiero imaginarme

La locura de ese C5

en voces simples

y que quieren cantarle!

Una verdadera emoción,

una gran conmoción

y una extraña suavidad

llena, esta aria, a mi razón.

¡Lo más complejo

sin duda alguna!

Es el gran esfuerzo

de voz como ninguna.

¡Escribiré más

de este perfecto fragmento!

¡No se me acaban las palabras

para su creador y maestro!

Der Hölle Rache

(Arie der Königin der Nacht).

¡Cuánta furia!

¡Cuánto enojo!

¡La ira de una madre

en un solo arrojo!

¡La más díficil

para la voz más frágil!

¡un Fa6 para celebrar!

¡Un staccato para no cantar!

¡Pidiendo algo díficil

la Reina expresa su furia

al oír que su hija

No quiere hacer lo que dice palabra suya!

¡Subidas sin nivel!

¡Un rol exigente

Que la hace merecedora

de una voz realmente potente!

¡Un tono realmente veloz!

¡Un ser imponente

con la música que de él hizo

un ente realmente presente!

¡Quiero escribir más!

¡Esta aria me da para mucho!

¡La mejor y más díficil

para todas las voces que la canten, así sea en vano!

Realmente poderosa,

preciosa, excitante,

emocionante y exigente

en las voces más importantes.

Enérgica en su música,

Fuerte en su letra y voz,

sin ninguna duda la mejor

para mi opinión.

Marie Antoinette.

Eras una reina

Realmente incomprendida,

Eras una adolescente,

Una chica divertida y vivaz.

Eras una reina

Muy adelantada a sus tiempos,

Debiste ser querida

Pero fuiste incapaz.

Eras una reina

Que quiso divertirse

Pero tenías una obligación

Que no pudiste del todo realizar.

Eras una niña

Que mandaron como gobernante

Pero precisamente

Te enviaron como una infante.

Eras una reina

Que siempre hizo lo que quiso

Y por eso te castigaron

En el lugar y momento preciso.

MANON.

Se vuelve mi favorita,

es la primera que pienso

cada vez que me aburro,

es lo que oigo y quiero.

Una joven bella

que ambiciona todo

pero por amor

Al final le dice: NO.

Una voz frágil

para un personaje no débil

Que cambia por pasión

y no se deja por el dolor.

Una bella ópera,

una gran muestra de amor

entre dos personajes

y una profunda adoración.

Dos voces diferentes:

alegría y fortaleza

en un gran escrito

y con música de belleza.

Me han encantado

ahora y siempre

esos dos personajes

de los que me enamoré.

Werther.

¡ya no sufras más

mi querido Werther!

¡leo tu historia

y "voy a enloquecer"!

¡ya no sufras más

porque eres un héroe!

¡Eres mi favorito

con todo mi querer!

¡tú me despertaste,

encendiste mi pasión,

mi amor, mi fervor

en todo mi corazón!

Te ganaste mi amor

con tu romanticismo,

tu lirismo sincero

y tu ser concreto.

Eres un sueño,

Un poema entero

lleno de versos

como el amor eterno.

Te seguiré escribiendo

porque ambos lo hacemos,

Te seguiré siempre

hasta el cielo entero.

Pace pace mio dio.

Suave, profunda,

Ligera, llevadera

Como es esta aria

De poderosa y bella.

Me calma pero no me consuela,

Me lleva pero no hace que me sostenga

Por su amargada letra

Y por toda la ópera.

¿Cómo el desespero

De una desafortunada

La puede llevar

A más que nada?

Ritmo lento,

Suaves instrumentos

Para un largo

Y tortuoso ruego.

Lamentos de ella

Me llevan a pensar

En querer hacer algo más

Por esa vida aquella.

Hermosas voces la han cantado

Y han "sufrido"

Pero con esta obra han triunfado

Y yo con esto he acabado.

Invitato a qui seguirmi.

¡Siento su ira,

su rabia y dolor!

al ver Alfredo

su traicionado corazón.

Un aria dolorosa,

muy emocional, punzante

y me hace sentir

la agonía de ambos personajes.

Una desesperada Violeta,

Un colérico Alfredo

me hacen pensar

en un desolador dueto.

La mujer partida en dos,

el hombre herido en sus sentimientos

hacen, con la melodía,

puro amor y dolor.

Mejor no escribo más,

es mi obra favorita,

aunque sea un feliz inicio,

al final ronda la muerte.

Come affascinare te?

¿Cómo cautivarte?

No tengo lo que buscas,

Si lo que los demás quieren:

Belleza y cultura.

¿Cómo cautivarte?

¿Acaso no soy la mejor?

Para los demás sí

Pero para ti no.

¿Cómo cautivarte?

Soy como el agua:

Clara, pura, muy,

Muy honesta.

¿Cómo cautivarte?

Buscas en las demás

Algo que en mí no:

Locura y obsesión.

Nunca los verás

Porque mi amor me dice:

"te amo hasta el día

Del nunca jamás".

Le soir

Sunset is meaning

of a great day

what happened

in my long life.

The sunset means

that the past is just that,

it means that the new comes

with a good wind.

The sunset makes me understand

that a new flame is ignited,

that a light

it shines again.

The sunset brings me

to believe that there is something better,

that will always see a tomorrow

and a day with "more color".

And this does not end

because the sunset is just a piece

of what's coming in my life

and something in his lap.

This is just a fragment

but it tells something

that really comes out of my mind.

Non voglio andarmene.

No quiero salir

y menos sin ti,

No quiero estar de vuelta,

yo quiero contigo ir.

No quiero salir,

solo con todos saldré,

así será más feliz

y así partiré.

No quiero salir

a no ser que sea

con todos ustedes,

mis adorados padres y seres.

No quiero salir

pero quiero vivir,

experimentar, cambiar

y así resurgir.

No quiero salir,

Quiero empezar a vivir,

Trabajar, continuar

como de ustedes aprendí.

Ein dunkler Nachmittag.

Una tarde oscura,

un lugar silencioso

que me desespera

y a la vez me pone en reposo.

Escribo este poema

En esta tensa tarde

Porque eso es lo que me inspira

Y por mucho me llena.

No es solo oscuridad,

Es un puro clamor

De silencioso absoluto

Pero sin terror.

La lluvia viene

Como buena compañera,

Que no se quiere alejar

Y mucho menos se deja.

Veo en el fondo

De esta "negra" tarde

Un sol que se va

Y una lluvia andante.

Me siento bien,

Con mucho reposo

Y llena de escritos,

Los mas hermosos.

No terminare nunca,

Mi mente no para,

Solamente dice:

"adiós al alba".

Las grandes piezas de música clásica para mí.

(PARTE 2).

Sí, otra vez yo escribiendo sobre piezas corales y/o musicales que, sin duda alguna, cautivaron, atraparon, acogieron a mi razón, mi corazón y en definitiva a todo mi ser. Movimientos duros o suaves de instrumentos que los compositores quisieron destacar o simplemente pusieron en su música. Son partes o fragmentos que llamaron mi atención porque llegaron a mí tanto que algunos me hacen llorar o querer saltar de la emoción; Puros saltos de emociones que a largo de la historia han hecho que sus compositores sean de lo mejor por su profundidad, emoción, romanticismo, exaltación, ira e inteligencia y lo plasmaron en estas destacadas obras…

Preludio y *"Toreador, en garde"* (Carmen, Bizet, 1875).

¡La escucho y quiero saltar! Es increíble, hermosa, indiscutible, con buena energía (lástima que no pueda decir lo mismo de toda la ópera); como si el compositor nos hubiera querido hechizar con energía, amor, pasión, encanto y romanticismo en dos partes. Tanto la obertura como la marcha muestra un personaje que quiere ser amante, enamorado, obsesivo-compulsivo pero a la vez simple, encantador y hechizante.

Partes que me hacen querer bailar al estilo español, me seducen y hasta me hacen sonreír por la energía del ser. Solo diré que es de mis favoritas por simple y llanamente enamorarme con su encanto y estilo seductor-simple.

Sabre Dance (Gayaneh, Jachaturián, 1942).

¡Como la anterior pero al estilo ruso! A veces pienso que "ese violín se iba romper si la sigue tocando" jajaja luego ese movimiento lento-fino de cuerdas, rápido al inicio (por eso hacia el comentario) me hacen correr, activarme, me lleva a un nivel loco, rápido y ese movimiento con todos los instrumentos de arriba-abajo me hacen sonreír y decir "voy a correr".

Es algo corto, bello, carismático, con tonalidades juguetonas, divertidísimas, emocionantes, excitantes, lentas y, mas que nada, resalto la actuación del violín con movimientos elocuentes, fantásticos, rápidos, divertidos para esta cabeza; un final perfecto y corto para una obra completa y "fantasmal" (dos minutos que me cautivan cada vez que la escucho).

Las grandes piezas clásicas para una joven como yo.

Nunca creí que escribiría cosas así, nunca creí que escribiría cosas como las mejores arias o las mejores piezas para alguien como yo, pero escucho y escucho música y pienso *"¿por qué he de guardarme lo que pienso?"* estas piezas me llevaron a escribir esto porque me llenan de emociones que nunca había sentido y que antes no sabía que podía sentir (incluyendo Oberturas de óperas). Hermosos coros angelicales, piezas de piano realmente elegantes, conciertos de orquesta que me hacen cerrar los ojos para ir al paraíso y otras más.

Por ahora no diré quienes son los mejores compositores para mí puesto que cada uno tiene un estilo para la música.

1

1. Novena Sinfonía (Neunte Sinfonie), Ludwig van Beethoven.

La mejor para mí sin duda alguna, el inicio del poema es la deliciosa apertura a una sinfonía que me expresa un Beethoven verdaderamente concentrado, emocional, lleno de las más hermosas ideas, pacífico y humano.

Esta me lleva a pensar en la verdadera paz en el mundo: que tú me digas "eres mi hermano", la lealtad entre todos, la sinceridad pero más que nada el amor por todos.

Los movimientos o ritmos traducen la tranquilidad con la que fue compuesta (para mí) y los coros traducen la unión que se quería al escucharla y llevarla por el resto del mundo. Esta fue la "cara" que Beethoven siempre quiso mostrar y no pudo por haberse encerrado en sí mismo, por eso es que esta es la mejor para mí: por un ritmo tranquilo pero que al final muestra la unión de un ser con otro pacíficamente.

---

[2] Antonio Vivaldi, Google Imágenes.

2. Overture "Le nozze di Figaro", Wolfgang Amadeus Mozart.

Un ritmo realmente rápido, espectacular, que me hace sonreír por un ritmo realmente acelerado de los violines y con un apoyo de los instrumentos de vientos de la misma velocidad.

Ahora un ritmo repetido con la misma emoción que debía sentir Mozart al querer escucharlo por primera vez, las subidas y bajadas de nota de un extremo a otro es algo que siempre he notado de los compositores alemanes, especialmente de Mozart.

Como dije al principio cada compositor tenía un estilo único que quería imponer en sus épocas sin irrespetar el oído de sus oyentes y, en este caso, la Obertura fue única por esos cambios tan extremos que el compositor puso en sus partituras y es por eso que es de las mejores para mí gusto personal.

3. Overture "Il barbiere di Siviglia", Gioachino Rossini.

Contrario a lo anterior, ésta es de mis favoritas por un movimiento lento pero jocoso y divertido, lleno de movimientos realmente emocionantes para las personas que quieran aprender algún instrumento. Al inicio movimientos suaves y realmente tranquilos de instrumentos como el violín o la flauta que hacen pensar en cosas maravillosas hasta que… llegan los movimientos rápidos, realmente divertidos del violín y las notas rápidas realmente emocionantes de los instrumentos de viento y cuerda.

Si uno quiere escuchar algo que lo divierta pero sin escuchar voces ésta es su mejor opción. Algo que quiero destacar acá es que no soy muy "rossiniana" pero digo que esta es la mejor obertura de las óperas de Rossini por unos movimientos animados, lentos pero a la vez rápidos, tonos altos-bajos, escalas de notas simples-complejas y el pensamiento divertido que se va a tener de la obra puesta en escena.

Passione proibita.

Pasión prohibida,

Amor turbio,

delirio oscuro,

Querer túrbido.

Pasión prohibida,

adoración exhibida

Por tu gran amor

y por tu dura adoración.

Pasión prohibida

porque eres sagrado,

eres mi esposo

y mi amor santificado.

Eres para mí

una pasión prohibida,

te amor y te deseo

hasta con la mirada.

Siempre serás solo tú

mi oscura obsesión,

mi eterno amor oscuro

y nunca te diré adiós.

Treason.

Mi corazón fue un traidor,

Mi amor fue desleal

y me rompió en mil pedazos,

un ser que no quiero mirar.

Mi corazón fue infame

al querer engañarme,

al tomarme como si fuera

tan solo un amante.

Mi cariño fue burlado

por un hombre desgraciado

que disfruta mi dolor

con solo mirando.

¡Qué falsa seducción!

¡Qué falta de moralidad!

¡Me creyeron tonta

y con falta de verdad!

¡Digo adiós a un ser cruel!

¡Digo no más a un hombre inmoral!

¡Bienvenida eres

a tu nueva libertad!

Non voglio andarmene.

No quiero salir

y menos sin ti,

No quiero estar de vuelta,

yo quiero contigo ir.

No quiero salir,

solo con todos saldré,

así será más feliz

y así partiré.

No quiero salir

a no ser que sea

con todos ustedes,

mis adorados padres y seres.

No quiero salir

pero quiero vivir,

Experimentar, cambiar

y así resurgir.

No quiero salir,

Quiero empezar a vivir,

Trabajar, continuar

como de ustedes aprendí.

www.ingramcontent.com/pod-product-compliance
Lightning Source LLC
Chambersburg PA
CBHW080924160726
48000CB00009B/3124